D1384070

PENSÉES

POUR LE SUCCÈS

Données de catalogage avant publication (Canada)

Vedette principale au titre :

Pensées pour le succès

Nouv. éd.

ISBN 2-7640-0274-2

1. Succès - Citations, maximes, etc. 2. Réalisation de soi - Citations, maximes, etc. I. Lemieux, Michèle, 1962-   . II. Titre.

PN6089.S78P45 1998   158   C98-940609-1

LES ÉDITIONS QUEBECOR
7, chemin Bates
Outremont (Québec)
H2V 1A6
Téléphone : (514) 270-1746

© 1998, Les Éditions Quebecor

Bibliothèque nationale du Québec
Bibliothèque nationale du Canada
ISBN 2-7640-0274-2

Éditeur : Jacques Simard
Conception de la page couverture : Bernard Langlois
Photo de la page couverture : Masterfile / Graham French
Infographie : Composition Monika, Québec
Impression : Imprimerie L'Éclaireur

MICHÈLE LEMIEUX

PENSÉES

POUR LE SUCCÈS

LES ÉDITIONS
Quebecor

Introduction

De tous temps, les êtres humains se sont mutuellement inspirés positivement par leurs actions, par leurs gestes, par leurs écrits, par leurs paroles. Notre nature humaine nous force à prendre modèle sur des hommes et des femmes qui incitent au dépassement, qui suggèrent de franchir les limites de ce qui avait été injustement qualifié d'impossible. Ces exemples ont servi et servent encore à réveiller en chacun de nous la volonté, la motivation et la résolution nécessaires pour atteindre nos objectifs.

Il y a eu des hommes et des femmes qui ont su se placer bien au-delà de la médiocrité. Ils ont laissé derrière eux une marque indélébile et l'éclat de leur détermination nous éclaire encore. Souvent, une simple phrase de ces êtres a suffi à changer le cours d'une vie, à modifier la tangente d'un destin puisque ce qu'ils ont dit et livré par le biais de courtes citations n'est rien de moins que d'importants fragments de leur réussite. Et ces vérités sont bel et bien applicables dans nos vies.

Dans ce but, je vous présente quelques citations d'êtres connus et moins connus. Ils parviennent de différents milieux, ont vécu à différentes époques. Certains, comme Og Mandino, sont des motivateurs hors pair, d'autres, comme Napoléon, sont des stratèges dont la détermination est passée à l'histoire. Enfin, ces êtres ont un même dénominateur commun: ils ont affirmé des vérités menant au succès, ils ont généré un haut niveau de motivation et, par leur exemple, nous incitent à les imiter pour connaître à notre tour la réussite à laquelle nous aspirons.

Atteindre nos buts n'est pas la seule motivation importante dans une vie, cheminer vers eux l'est tout autant. Ce n'est pas tant le résultat obtenu qui compte véritablement mais le plaisir éprouvé en nous dirigeant vers notre objectif, la leçon apprise chemin faisant, l'enseignement tiré de chaque situation puisque c'est ce qui nous permet d'évoluer. C'est ainsi qu'au fil du temps, nous allons de l'avant grâce aux expériences que nous effectuons et desquelles nous tirons de bien sages leçons.

Dans le but de vous accompagner dans vos démarches, que ce recueil de pensées sur le succès soit un encouragement au dépassement et à la persévérance. Voilà bien mon plus cher désir...

Quelles que soient les apparences, la vie évolue toujours dans le bon sens puisque la transformation est au cœur de toutes les réussites. En fait, n'est-ce pas le changement qui permet un jour à la chenille de transcender son état afin de connaître le succès... d'une première envolée?

Bonne lecture et bonne réussite!

Michèle Lemieux

Chacun a la possibilité de devenir aussi grand qu'il le souhaite.

Jeremy Collier

Les écueils de la vie ne peuvent venir à bout d'une personne dont l'esprit se réchauffe au feu de l'enthousiasme. Ce n'est que lorsque l'enthousiasme se refroidit que vraisemblablement on s'écroule.

Norman Vincent Peale

On ne paie jamais trop cher le privilège d'être son propre maître.

Rudyard Kipling

Il y a au fond de vous de multiples petites étincelles de potentialités; elles ne demandent qu'un souffle pour s'enflammer en de magnifiques réussites.

Wilferd A. Peterson

Les bonnes habitudes sont à la base de tous les succès.

Og Mandino

Chaque jour, rappelez-vous ce dont vous êtes capable, rappelez-vous vos bonnes dispositions et répétez que vous êtes réellement capable de faire quelque chose de bien de votre vie.

Norman Vincent Peale

J'ai appris qu'on n'arrive à rien en restant confortablement assis sur sa chaise!

Conrad Nicholson Hilton

Tu ne connaîtras jamais l'échec si ta détermination à réussir est suffisamment forte.

Og Mandino

La tolérance est l'une des causes essentielles de succès dans la vie, quel que puisse être le but poursuivi.

John D. Rochefeller Jr.

Toutes les choses sont prêtes si l'esprit l'est aussi.

Shakespeare

Le plus grand secret du monde, c'est qu'il vous suffit d'être un tout petit peu au-dessus de la médiocrité... Et c'est ce qui vous permet de réussir.

Og Mandino

Le succès résulte de la rencontre de l'opportunité et de la préparation.

Zig Ziglar

Avec de l'audace on peut tout entreprendre, on peut tout faire.

Napoléon Bonaparte

Rien n'est impossible, à moins qu'on accepte qu'il en soit ainsi.

Og Mandino

Un homme sage crée plus d'opportunités qu'il n'en trouve.

Bacon

Il n'existe pas de défaite, si ce n'est de l'intérieur. Il n'existe réellement aucune barrière insurmontable si ce n'est votre propre faiblesse naturelle quant au but poursuivi.

Emerson

Les grandes âmes ont de la volonté; les faibles n'ont que des souhaits.

Proverbe chinois

Plus grand est l'obstacle et plus grande est la gloire à le surmonter.

Molière

Si je vise le soleil, je peux frapper une étoile.

P.T. Barnum

La seule façon de réussir vraiment dans tous les domaines de l'existence est d'être entièrement honnête envers soi-même et ses semblables.

Zig Ziglar

Il faut sourire face à l'adversité, jusqu'à ce qu'elle capitule.

Og Mandino

Il y a dans les affaires de l'homme une marée qui, prise à son flux, mène à la fortune.

Shakespeare

N'acceptez jamais un «non» comme réponse. Dites «oui» à la victoire! Dites «oui» à la vie!

Charles-Albert Poissant et
Christian Godefroy

Chaque insuccès est un pas en avant vers le succès.

Og Mandino

Le seul homme qui ne se trompe jamais est celui qui ne fait jamais rien. N'ayez pas peur des erreurs, pourvu que vous ne fassiez pas deux fois la même.

Roosevelt

L'échec n'est rien d'autre que le succès qui essaie de naître sous une forme plus grandiose. La plupart des échecs apparents ne sont que des versements vers la victoire!

Catherine Ponder

Si les gens savaient à quel point j'ai travaillé pour développer ce talent, ils ne s'étonneraient plus.

Michel-Ange

Chaque adversité ne va cacher que pour un temps votre sentier vers la paix et l'accomplissement.

Og Mandino

Vous pouvez vraiment devenir ce que vous désirez être en affirmant que vous l'êtes déjà.

Catherine Ponder

Les deux facteurs déterminants qui vous permettront d'obtenir les résultats que vous escomptez sont 1) le désir et 2) l'espoir.

Bob Proctor

Si vous n'aimez pas votre client, il y a peu de chances qu'il vous achète quelque chose.

Tom Watson Jr.
Fondateur I. B. M.

L'inconscient possède cette puisance, ce pouvoir de matérialiser ce que vous désirez ardemment. Nous ne pouvons encore expliquer par quel phénomène il produit ce résultat, mais un fait est certain: vous récolterez toujours ce que vous désirez le plus ardemment. En bien comme en mal! En chance comme en malchance!

Pierre Lefort

Si votre énergie est aussi illimitée que votre ambition, envisagez sérieusement de vous consacrer entièrement à vos projets.

Joyce Brothers

Si vous voulez qu'une chose soit bien faite, faites-la vous-même. Je fais tout moi-même!

Benjamin Franklin

Le succès et la chance, la réussite, la fortune, tout est possible à condition de le vouloir!

Pierre Lefort

La confiance est la servante du succès.

Zig Ziglar

Pour réussir, vous aurez peut-être à sortir du rang et à marcher au son de votre propre tambour.

Keith DeGreen

Plusieurs d'entre nous passons notre vie à la recherche du succès alors qu'il est habituellement si près que nous pouvons tendre le bras et le toucher.

Russel H. Conwell

La plus grande différence qui existe entre celui qui «souhaite» et celui qui «agit» est la motivation.

Charles Jones

L'homme a été conçu pour la réalisation, construit pour le succès et pourvu des semences de la grandeur.

Zig Ziglar

Quel que soit le soin que vous apportez à la planification de vos buts, ils ne seront rien de plus que des rêves irréalisables à moins que vous ne les poursuiviez avec entrain.

W. Clement Stone

Notre plus grande gloire n'est pas de ne jamais tomber, mais plutôt de nous relever chaque fois que nous tombons.

Confucius

Si vous attendez que la chance vous sourie, c'est sans doute un chèque de l'assistance sociale qui vous parviendra d'abord.

Lord Beaverbrook

Lorsque vous êtes engagé dans la pour-
suite du succès, vous courez toujours le
risque de perdre bien plus que vous ne
gagnez si vous n'êtes pas prudent.

Allan Fromme

Si l'échec vous apprend quelque chose,
vous n'êtes pas vraiment perdant.

Zig Ziglar

Ta pensée est limitée. Pourtant tout ce que tu es capable d'imaginer peut exister. Il n'y a rien qui soit impossible.

Fun-Chang

La façon dont vous envisagez la vie déterminera ce que vous en tirerez.

Zig Ziglar

La défaite prépare très souvent de plus grands succès. Après tout, Edison ne parvint à réaliser son ampoule électrique qu'après plus de 10 000 tentatives. Comme persévérance, on ne peut guère faire mieux. Alors pourquoi se décourager après des insuccès?

Pierre Lefort

Vous vivez l'expérience que projette votre propre mentalité. Votre univers actuel est le produit de la somme totale de vos croyances sur la vie.

Raymond Charles Barker

La philosophie la plus pratique, la plus belle, la plus «possible» ne fera rien si vous ne faites rien.

Zig Ziglar

Dans la lutte pour l'existence, l'homme de volonté énergique réussit mieux que tout autre, mais cette volonté doit être exercée sans trêve ni repos, appliquée à son propre perfectionnement et à tous les actes de son existence.

Paul Doumer

Rien ne peut vous arriver qui n'arrive à travers vous. Votre conscience est la passoire au travers de laquelle vos expériences passent de l'idée à la forme.

Raymond Charles Barker

Vous avez besoin pour bondir dans ce monde incertain d'une force intérieure qui vous enflamme.

Docteur Maltz Maxwell

Les gens célèbres sont des gens ordinaires qui se sont engagés vers des buts extraordinaires.

Robert H. Schuller

Tous les hommes riches se sont vus riches avant de le devenir.

Charles-Albert Poissant et
Christian Godefroy

Une forte image de soi est la meilleure préparation possible au succès dans la vie.

Zig Ziglar

La Vie, c'est la capacité de créer ce que vous voulez et d'avancer vers ce que vous voulez être.

Raymond Charles Barker

Le jour où vous vous appliquez à quelque chose d'utile et où vous atteignez une vraie compétence, c'est-à-dire l'excellence par la répétition, l'habitude, la persévérance, vous êtes en train d'acquérir un grand succès, parce que le monde ne peut se passer de vous; ceci est une vérité mathématique.

Docteur Victor Pauchet

Celui qui construit le meilleur piège à rats, prêche le meilleur sermon, écrit le meilleur livre, peut construire sa demeure au sein d'une forêt inextricable; les clients se chargeront de créer des routes pour venir jusqu'à lui.

Emerson

N'admettez jamais la défaite, ni pour les autres, ni pour vous-même.

Raymond Charles Barker

Vous pouvez rapidement reconnaître un leader au temps qu'il consacre à discuter de ses projets d'avenir.

David J. Schwartz

La concentration est la faculté qui crée les as, les surhommes.

Docteur Victor Pauchet

Vous avez en vous une grandeur qui est authentiquement vôtre, utilisez-la, ne la gaspillez pas!

Docteur Maltz Maxwell

Vous ne devez pas votre succès ou votre échec à votre occupation mais à la façon que vous les visualisez.

Zig Ziglar

La réussite est la réalisation progressive d'un idéal valable.

Pierre Bellehumeur

Un voyage de mille kilomètres commence par UN simple pas.

Jack E. Addington

Sans buts et sans projets vous êtes comme un navire qui largue les amarres, mais ne sait trop où il se trouve.

Fitzhugh Dodson

Pour réussir, vous devez savoir ce que vous faites, aimer ce que vous faites et croire en ce que vous faites.

Zig Ziglar

Le secret pour tenir tête à une situation de la vie qui menace de vous écraser et de vous vaincre, c'est de ne pas lâcher prise.

Og Mandino

Sans l'action, les plans ne sont que des rêves.

Og Mandino

Si vous désirez une grande réussite, vous devez travailler à vous approcher de vos objectifs chaque jour.

Zig Ziglar

Il n'est pas plus difficile de réussir que d'échouer.

Charles-Albert Poissant et
Christian Godefroy

Si vous voulez atteindre votre objectif, vous devez en voir la trajectoire dans votre esprit avant d'y parvenir.

Zig Ziglar

Au centre de votre être se trouve une impulsion vers la grandeur. Dirigez tous vos efforts vers l'expansion et vous serez conduit vers le plus grand bien.

Raymond Charles Barker

Ce que vous obtenez en atteignant votre destination n'est pas du tout aussi important que ce que vous devenez en atteignant cette destination.

Zig Ziglar

La bienvaillance et l'optimisme entraî-nent le succès.

Docteur Victor Pauchet

Quand vous semez une action, vous ré-coltez une habitude;
Quand vous semez une habitude, vous récoltez du caractère;
Quand vous semez du caractère, vous récoltez une destinée.

Zig Ziglar

Créez votre propre destin en établissant vos idéaux personnels.

Docteur Murray Banks

Vous devez penser avant de voir la réalité. Le rêve précède le projet.

Robert H. Schuller

Ceux qui gagnent n'abandonnent jamais et ceux qui abandonnent ne gagnent jamais.

Pierre Bellehumeur

Croyez que vous pouvez et vous réussirez!

Robert H. Schuller

Commence par faire la conquête de toi-même si tu veux conquérir le monde.

Docteur Victor Pauchet

Vous n'échouez pas tant que vous ne dites pas: «J'abandonne».

Robert H. Shuller

Vous possédez déjà les capacités néces-
saires au succès. Si vous utilisez ce que
vous possédez, vous recevrez davantage
encore à l'exploiter.

Zig Ziglar

Vous devez faire plus que vous fixer des
objectifs; vous devez prévoir les obsta-
cles et apprendre à les surmonter.

Docteur Maltz Maxwell

La différence entre la personne qui réussit et la personne médiocre se trouve dans la façon dont la première planifie, organise et contrôle son pouvoir physique.

David J. Schwartz

Le seul fait de dresser une liste de vos buts les fait entrer du même coup dans le processus de réalisation.

Jack E. Addington

La réussite n'est pas une destination, c'est un voyage, c'est la direction dans laquelle vous voyagez.

Zig Ziglar

Les grandes réussites sont la conséquence d'une pensée CONTRÔLÉE.

David J. Schwartz

Le prix du succès est infiniment moindre que celui de l'échec.

Zig Ziglar

Vous ne grandirez jamais tant que vous ne vous battrez pas. Il n'y a pas de gain possible sans peine.

Robert H. Schuller

La réalisation d'un but est déterminée par l'intensité du désir, une inébranlable conviction de pouvoir réussir et la conscience d'atteindre un but.

Pierre Bellehumeur

La beauté, comme le succès en tout, est une question de personnalité.

David J. Schwartz

Nos pensées ont un pouvoir magnétique d'attraction. Quelle que soit la pensée émise, elle attire l'énergie correspondante. Le monde dans lequel on vit est le reflet de nos propres pensées.

Claudia Rainville

L'intensité du désir est l'ingrédient qui marque la différence entre la performance moyenne et celle du champion.

Zig Ziglar

Vous tenez dans vos mains la semence de l'échec ou le potentiel de la grandeur.

Zig Ziglar

N'acceptez jamais la défaite; vous êtes peut-être à un pas de la réussite.

Jack E. Addington

L'horreur de l'échec a toujours fait partie de mon tempérament et a même été, je crois, l'un des principaux moteurs de mon existence.

John Paul Getty

Voir le possible là où les autres voient l'impossible, telle est la clé du succès.

Charles-Albert Poissant et
Christian Godefroy

La formule secrète de l'inconscient, c'est de faire de l'échec un succès! Considérez une défaite comme purement temporaire, comme un tremplin vers de plus hauts sommets. C'est avant la clarté que l'obscurité se fait plus dense et qu'on y voit encore moins!

Pierre Lefort

Ce que la chenille appelle la mort, le papillon l'appelle la renaissance.

Violette Lebon

Pour rendre l'optimisme effectif, il est important de réaliser un état d'harmonie. Votre degré d'harmonie avec vous-même et avec les autres conditionne votre degré d'efficacité.

Norman Vincent Peale

Ce que vous pouvez faire, ce que vous rêvez que vous pouvez faire, commencez à le faire.

Catherine Ponder

Un but dans la vie est la seule fortune qu'il vaille la peine de trouver; on ne la trouvera pas en terre étrangère mais dans son propre cœur.

Robert Louis Stevenson

Il est bien plus important de regarder où l'on va que regarder d'où l'on vient.

Catherine Ponder

Vous pouvez devenir une personne enthousiaste, en affirmant simplement que vous l'êtes, en pensant enthousiasme, en parlant enthousiasme autour de vous, en agissant en personne enthousiaste.

Norman Vincent Peale

La différence fondamentale entre les gens chanceux et ceux qui ne le sont pas tient d'abord et avant tout dans une certaine attitude d'esprit.

Pierre Lefort

La procrastination est l'un des maux les plus courants et les plus mortels, et qui provoque beaucoup d'échecs et de malheurs.

Wayne W. Dyer

Aimez-vous la vie? Alors ne gaspillez pas le temps, car il constitue l'étoffe même de la vie.

Benjamin Franklin

Les pouvoirs de l'inconscient sont sans limites. Tel que vous vous croyez, tel vous êtes!

Pierre Lefort

À la longue, la qualité de votre travail constitue le facteur décisif de la valeur qu'accorde le monde à vos services.

Orison Swett Marden

Rien ne peut nous rendre plus charitables et attentifs aux fautes des autres que de nous examiner nous-mêmes pour mieux nous connaître.

François de Fénelon

Il est futile de critiquer les autres, et si vous le faites souvent, sachez que cela peut être fatal à votre carrière.

Dale Carnegie

Les autres peuvent vous arrêter temporairement. Vous êtes le seul qui puissiez le faire de façon permanente.

Zig Ziglar

Ne vous méfiez de personne d'autre que de vous-même, car c'est en vous-même que vous portez vos pires ennemis.

Charles Spurgeon

Pour préparer sagement l'avenir, il est nécessaire de comprendre et d'apprécier le passé.

Jo Coudert

À celui qui croit, le succès est facile.

Zig Ziglar

Comment se fait-il que de nombreux individus, qui ne possèdent que des capacités limitées, réussissent à réaliser des choses extraordinaires et à se gagner, pour cette raison, l'admiration d'autrui?

Kenneth Hildebrand

Soyez fier d'être critiqué; c'est la preuve que vous devenez quelqu'un.

David J. Schwartz

On est souvent son pire ennemi lorsque l'on érige sottement des obstacles sur la voie qui conduit au succès et au bonheur.

Louis Binstock

La facilité sur cette terre, consiste à laisser quelqu'un vous dicter ce que vous pouvez faire.

Richard M. DeVos

Le pessimiste dit: «Je le croirai quand je le verrai». L'optimiste dit: «Je le verrai quand je le croirai».

Zig Ziglar

*C'est l'esprit qui fait le bien ou le mal,
qui rend heureux ou malheureux, riche
ou pauvre.*

Edmund Spenser

*Toutes vos réalisations et vos échecs
dans la vie sont le résultat direct de vos
pensées.*

James Allen

La nature vous a doté d'un pouvoir que vous utilisez des centaines de fois par jour, pour le bien ou le mal.

J. Martin Kohe

Nous façonnons d'abord nos habitudes, puis nos habitudes nous façonnent.

John Dryden

Quelle partie de votre talent gaspillez-vous par manque de hardiesse?

Tom Rush et Randy Read

La seule chose au monde que vous puissiez maîtriser est ce que vous pensez et ce que vous ressentez au moment présent; mais cela suffit, car il n'est rien d'autre que vous ayez besoin de maîtriser sur cette terre.

James W. Newman

Votre valeur nette pour le monde est habituellement déterminée par la différence entre vos mauvaises habitudes et vos bonnes habitudes.

Benjamin Franklin

Lorsque tout est dit et fait, le succès dénué de bonheur devient le pire échec qui soit.

Louis Binstock

Bien que vous viviez dans un monde imparfait, il n'en demeure pas moins que des portes et des frontières vous sont encore ouvertes.

Maxwell Maltz

Nous passons pour la plupart tellement de temps à trouver les moyens que nous perdons le but de vue.

Docteur Gerald Jampolsky

Votre attitude compte davantage que vos aptitudes.

Zig Ziglar

Lorsque vous fixez votre attention sur un but positif, la Vie vous soutient par tous ses processus et vous prenez conscience de ce que l'univers est pour vous et jamais contre vous.

Raymond Charles Barker

La vie est un mouvement de l'intelligence agissant suivant une loi et un ordre pour produire ce que vous choisissez.

Raymond Charles Barker

Je suis responsable de ce que je vois. Je choisis les sentiments que je ressens et je décide du but que je souhaite atteindre. Tout ce qui m'arrive, je l'ai demandé et je le reçois tel que je l'ai demandé.

Docteur Gerald Jampolsky

Choisissez l'idée de quelque nouvelle expérience que vous souhaitez vivre et puis pensez-y sans cesse. L'Entendement vous donnera tout ce dont vous avez besoin pour en faire la démonstration.

Raymond Charles Barker

Ne faites pas de petits projets car ils n'ont pas le pouvoir d'émouvoir l'âme des hommes.

Zig Ziglar

Un but précis est le point de départ de tout aboutissement.

Charles-Albert Poissant et
Christian Godefroy

Une personne peut devenir tout ce qu'elle veut pourvu qu'elle prenne une forte résolution et s'y tienne.

Thomas Buxton

La seule chance que vous avez est celle que vous vous créez.

Pierre Bellehumeur

Si votre champ de vision est suffisamment large, vous comprendrez que ce qui vous arrive dans le temps présent vous prépare à un plus grand futur.

Sanaya Roman

Vos capacités peuvent vous conduire au sommet mais il faut du caractère pour y rester.

Zig Ziglar

Dans bien des cas, l'image que vous projetez est bien plus valable que votre compétence ou vos réalisations passées.

Michael Korda

Les vies gaspillées de ceux qui échouent après avoir connu le succès, et qui perdent tout désir d'essayer à nouveau, sont au nombre des plus grandes tragédies humaines.

Frederick Van Rensselaer Day

Vous n'êtes battu que si vous ne vous relevez pas une fois de plus qu'on ne vous aura descendu.

Zig Ziglar

Le fait de vous sentir misérable et de détester votre situation actuelle est non seulement un gaspillage d'énergie, mais aussi la pire habitude que vous puissiez entretenir.

Dale Carnegie

Emplissez vos pensées de ce que vous désirez créer et vous l'obtiendrez.

Sanaya Roman

Vous ne payez pas le prix du succès, vous en jouissez.

Zig Ziglar

L'homme ne marque dans la vie qu'en dominant le caractère que lui a donné la nature, ou en s'en créant un par l'éducation et sachant le modifier suivant les obstacles qu'il rencontre.

Napoléon Bonaparte

PENSÉES

_____

_____

_____

_____

_____

_____

_____

_____

_____

_____

_____

_____

_____

_____